AF336359

THIERS-GAMBETTA

PAR

Henri DELAPORTE

Auteur de *Marat le Révolutionnaire*

Prix : **15 centimes**

PARIS

CHEZ TOUS LES LIBRAIRES

—

1877

En présence de l'acte du 16 mai dernier, les regards du peuple français se sont arrêtés sur deux personnalités politiques éminentes : *Thiers* et *Gambetta*. L'un comme tribun, l'autre comme diplomate tiennent ou, — comme on paraît le croire généralement, — semblent tenir entre leurs mains les futures destinées de la France. Thiers et Gambetta. voilà les deux pivots inséparables sur lesquels s'appuient la confiance et le désir de la Nation.

Nous avons donc jugé bon et utile d'étudier ces deux hommes; voilà pourquoi nous nous faisons un véritable plaisir de publier la biographie de chacun de ces deux personnages, afin que nos concitoyens et amis sachent quels sont les hommes en qui ils ont mis actuellement leur confiance. *Qui habet aures audiendi audiat.*

VIVE LA FRANCE ! VIVE LA RÉPUBLIQUE !

H. D.

THIERS (Louis-Adolphe)

est né à Marseille, le 16 avril 1797. Séparé fort
jeune de sa famille paternelle et élevé dans celle
de sa mère, vouée depuis longtemps au commerce
de draps, Thiers, du côté maternel, était cousin
d'André et de Joseph Chénier.

Après avoir achevé ses études classiques à Marseille, il alla faire son droit à Aix et fut reçu avocat
en 1820.

Cinq ans auparavant, en 1815, l'académie de la
ville d'Aix ayant mis au concours l'éloge de Vau-
venargues, Thiers y avait pris part et remporté le
prix.

Cependant M. Thiers aspirait à venir à Paris, où
son ambition précoce l'appelait. Il réalisa son désir au mois de septembre 1821, et, en attendant de
s'installer dans les somptueux hôtels du ministère
des affaires étrangères, se logea dans une modeste
chambre d'un quatrième étage, passage Montes-
quieu, n'ayant pour tout mobilier qu'une commode,
un lit de noyer, deux chaises et une table noire.

Au reste, cette simple demeure ne fut qu'un pied-
à-terre. M. Thiers avait été particulièrement re-
commandé à Manuel, son compatriote, qui le prit
par la main et le conduisit dans les bureaux du
Constitutionnel auprès de M. Etienne. Il fut con-
venu, comme cela se pratique d'ordinaire, que

M. Thiers ferait un article. Rien de plus facile : le soir même, l'article était écrit. Les propriétaires-rédacteurs du *Constitutionnel* se réunirent, et le style serré de l'écrivain, ses images vives et pittoresques, la force de son argumentation firent une sensation toute particulière sur l'esprit de ses auditeurs. M. Thiers fut accueilli.

L'ardeur vive et toujours digne de sa polémique, l'intelligence tout imprévue de la situation politique à laquelle il donnait un caractère de nouveauté particulière, ne contribuèrent pas médiocrement à servir les intérêts matériels du Journal dont la fortune était merveilleuse. Aussi le premier mouvement fut de porter au budget de la rédaction M. Thiers sur un meilleur pied, ce qui lui assura une complète indépendance, et ce qui lui permit d'entrer tout de suite et d'emblée dans la presse par la porte la plus haute.

C'est ainsi qu'aidé par un de ses amis, il put acquérir une action du *Constitutionnel* et, grâce à la tournure qu'il donna à la direction du journal, la valeur et les produits de cette action quintuplèrent entre ses mains.

C'est en 1823 que parurent les premiers volumes de son *Histoire de la Révolution française*, dont la publication fut complétement terminée en 1827.

Ce livre est un de ceux qui ont exercé le plus d'influence, quoique l'auteur n'ait pas toujours fait preuve de fidélité et d'impartialité. Son succès fut immense. Une de ses nombreuses éditions fut tirée à 150,000 exemplaires.

L'audace de l'écrivain s'en accrut. Il créa le 1er janvier 1830, avec son ami et compatriote M. Mignet et avec Armand Carrel, le *National*, cette batterie terrible qui foudroya sans relâche la vieille monarchie du droit divin et combattit si ardemment le ministère Polignac. Il contribua ainsi pour la plus large part à la révolution de Juillet.

Ayant ainsi participé à la chute de Charles X pour le remplacer par Louis-Philippe, M. Thiers obtint une place de Conseiller d'Etat et de secrétaire général au ministère des finances.

A partir de cette époque, il prit part à presque toutes les affaires politiques. Foudre de guerre en 1830, il voulait absolument que l'on courût délivrer la Pologne et l'Italie; mais un an après on le vit conseiller la paix à tout prix et la résignation aux traités de 1815. Il fut élu, en 1831, à la Chambre des députés par la ville d'Aix, qu'il représenta sans interruption jusqu'en 1848, et nommé, le 11 octobre 1832, après la mort de Casimir Périer, ministre de l'intérieur.

Il échangea, le 21 décembre de la même année, le portefeuille de l'intérieur contre celui des travaux publics et du commerce, et fut élu membre de l'Académie française en 1833. Revenu au ministère de l'Intérieur en 1834, il eut à réprimer les émeutes des 12 et 13 avril. Ayant donné sa démission le 11 novembre, il reprit le portefeuille trois jours après. A la suite de l'attentat Fieschi, M. Thiers qui avait fulminé contre les ordonnances de Juillet, muselant la presse, présenta et appuya les fameuses lois répressives dites de *Septembre* qui tuaient une trentaine de journaux avancés. Le 22 février 1836, le ministère fut reconstitué sous la présidence de M. Thiers, qui prit alors le portefeuille des affaires étrangères; mais ils se retira presque aussitôt, le 25 août 1836, et fut remplacé par M. Molé.

Redevenu président du Conseil et ministre des affaires étrangères, le 1er mars 1840, il fit construire les fortifications de Paris (1842). Mais sa politique malheureuse dans les affaires d'Orient l'ayant obligé à céder le ministère à Guizot, tout en restant à la Chambre, ou, comme chef du Centre Gauche, il fit une guerre incessante à son adversaire Guizot, il reprit ses travaux littéraires et publia les vingt volumes de son *Histoire du Consulat et de l'Empire*. Chargé dans la nuit du 23 au 24 février 1848 de composer un ministère libéral de la *dernière heure*, il arriva trop tard; la Révolution avait déjà gagné toute la ville. Il se rallia au nouveau gouvernement et se présenta dans plusieurs départements aux élections pour la Constituante. Il échoua; mais le 4 juin suivant. aux élections complémentaires, il fut nommé dans quatre départements, et combattit la République à laquelle il devait se rallier plus tard; il la combattit si bien qu'il aida à nous amener le Deux Décembre. Arrêté par Bonaparte, il fut, après un séjour de 24 heures à Mazas, momentanément expulsé du territoire. Rentré à Paris au mois d'août 1852, il acheva dans la retraite ses travaux historiques. En 1863, il se présenta comme candidat de l'opposition dans la deuxième circonscription de la Seine et vint siéger de nouveau au Corps Législatif, où son immense talent et son autorité lui valurent de nouveaux succès. Réélu aux élections de 1869, il soutint d'abord le cabinet Ollivier au « cœur léger, » puis s'en sépara sur la question de la guerre Franco-Allemande. Il combattit la déclaration de Guerre dans un discours resté célèbre. On sait le cas que fit la majorité des sages et prophétiques conseils de l'éminent homme d'État.

Après le 4 septembre, M. Thiers fut chargé par le Gouvernement de la Défense Nationale d'aller solliciter l'intervention des puissances étrangères. Ses tentatives furent infructueuses ; il revint de ce voyage d'environ 3.000 lieues vers la fin d'octobre 1870 avec un chargement complet d'humiliations pour la France. Après la guerre, enfin, il fut élu membre de l'Assemblée nationale par vingt-six départements, savoir :

Basses-Alpes (12.435 v.), Aude (29.041), Bouches-du-Rhône (52.831), Charente-Inférieure (75.100), Cher (51.137), Dordogne (76.311), Doubs (32.590), Drôme (37.672), Finistère (63.714), Gard (60.019), Gironde (105.958), Hérault (56.126), Ille-et-Vilaine (104.705), Landes (53.883), Loire (50.665), Loir-et-Cher (27.619), Loiret (39.620), Lot-et-Garonne (58.934) , Nord (225.115), Orne (52.043), Pas-de-Calais (144.678), Saône-et-Loire (70.735), Seine (103.226), Seine-Inférieure (79.858), Seine-et-Oise (19.800), Vienne (60.205). Soit 1.743.890 suffrages.

M. Thiers opta pour la Seine, où il n'avait été élu que le vingtième de la liste, et fut nommé chef du Pouvoir exécutif.

Depuis, l'œuvre politique de M. Thiers ne saurait se résumer, et demanderait les longs dévelop pements d'une étude que le cadre de notre notice ne saurait contenir. On connaît d'ailleurs tout aussi bien que nous les principaux faits qui marquent dans l'existence de cet homme. Disons seulement que M. Thiers, n'écoutant que son patriotisme, a fait à son pays le sacrifice de ses convictions personnelles. Fidèle exécuteur des volontés de la nation, il a voulu non-seulement rendre intact le dépôt de la République que la France lui avait confié, mais tenter l'essai loyal de cette forme de gouvernement, qu'après deux ans de convulsions et de luttes intestines, il affirmait, dans son message du mois de novembre 1872, être le gouvernement légal du pays, et auquel aucune autre forme de gouvernement ne pourrait être substituée sans danger. La France se souvient encore des clameurs que souleva dans les rangs de la droite cette opinion de M. Thiers, des débats qui s'ensuivirent et de la crise qui aboutit au résultat du 24 mai 1873.

M. Thiers se porta candidat aux élections sénatoriales de Belfort, et fut élu, le 30 janvier 1876, par 97 voix contre 7 données à son compétiteur, M. Viellard-Migeon. Ce succès n'a pas encore satisfait M. Thiers, qui s'est porté candidat à la députation dans le neuvième arrondissement de Paris, où il a été nommé le 20 février par 10,399 contre 6,123 données à M. Daguin.

M. Thiers, qui avait à choisir entre le Sénat et la Chambre législative, entre Paris et Belfort, a opté pour le Corps législatif, et, par conséquent, pour Paris.

On sait le rôle qu'il a joué à la nouvelle Chambre, et pas n'est besoin de rappeler ici ces choses d'hier. Terminons par ces paroles, prononcées par M. Gambetta le 31 mai dernier, en présence d'une députation de la jeunesse des Ecoles, qui était venue lui remettre une adresse pour le féliciter de son attitude dans la séance du 4 mai.

« Le parti républicain, — a dit M. Gambetta, — ne manque pas d'hommes éminents qui feraient des présidents de la République très-constitutionnels.

« Il y en a un surtout que l'on a vu à l'épreuve, qui a déjà occupé la présidence et qui en est descendu avec une simplicité, un désintéressement, une grandeur qu'on se fera certainement un devoir d'imiter quand l'heure sera venue. »

Nous n'ajouterons rien. Thiers a commis bien des fautes en sa vie ; mais nous devons nous rappeler et ne pas oublier qu'il a mérité le glorieux titre de « libérateur du territoire. »

GAMBETTA (Léon)

est né à Cahors (Lot), le 20 avril 1838. Son père, d'origine génoise, exploitait, sur la place de la Cathédrale, le fonds d'épicerie le mieux achalandé de Cahors.

D'abord destiné aux ordres de la prêtrise, le futur tribun se trouva bientôt mal à l'aise au petit séminaire de Montauban, où sa famille l'avait placé, et il alla terminer ses études au collège de Cahors.

En 1857, il était à Paris, où il faisait son stage d'avocat. Il débuta au Palais par un plaidoyer remarquable dans l'*Affaire des cinquante-quatre* (Miot, Greppo, etc.), et plaida avec éclat dans plusieurs autres procès politiques. Mais, en 1868, malgré son talent, le jeune avocat était cependant encore peu connu. Sa popularité date de l'affaire Baudin, c'est là son véritable début oratoire et politique.

Un jour, un jeune écrivain, M. Ténot, s'avisa de conter l'histoire des morts qu'on avait fusillés en Décembre 1851. On apprit qu'un député du département de l'Ain, le docteur Alphonse Baudin, s'était fait tuer sur une barricade, rue Sainte-Marguerite, alors qu'il essayait de soulever le peuple pour la défense du droit. Et, comme mues par un instinct de justice et de protestation en faveur du droit, on vit, le jour des Morts de l'année 1868, la plupart des personnalités du parti démocratique réunies, des couronnes d'immortelles à la main, devant la tombe oubliée, l'humble pierre où se lit cette simple inscription : *Alphonse Baudin, représentant du peuple, mort le 4 décembre 1851.*

Le gouvernement impérial fit poursuivre quelques-uns de ces patriotes et des journalistes coupables de « *manœuvres à l'intérieur,* » parce que ceux-ci s'étaient souvenus, et qu'ils avaient rappelé à la France de l'Empire que quelque part, dans un cimetière de Paris, reposait la poussière d'un homme mort pour la République. Les principaux accusés étaient MM. Peyrat, rédacteur en chef de l'*Avenir national;* Challemel-Lacour, rédacteur en chef de la *Revue politique;* Duret, gérant de la *Tribune;* et Delescluze et Quentin, rédacteurs du *Réveil.*

M. Gambetta présenta la défense de Delescluze, et sa plaidoirie fut un véritable événement politique. Il s'était dressé, vigoureux, menaçant et jetant sa harangue comme un défi au ministère public et à l'empire. Loin d'essayer de protéger son client contre les sévérités du tribunal, il traîna accusateurs et juges sous le verdict de l'histoire. Il se fit juge lui-même et à la fois accusateur, sans que le tribunal, complétement fasciné par sa merveilleuse éloquence, songeât même à l'interrompre. « Désormais, — dit M. Gambetta, — nous aurons une fête civique à célébrer au nom de nos martyrs, c'est le 2 décembre. »

On se souvient peut-être encore de l'immense enthousiasme que produisit par toute la France la lecture de ce discours dans lequel, intervertissant les rôles, le jeune avocat avait osé juger et condamner l'Empire, issu de la violence et de l'assassinat.

La défense de l'*Émancipation*, journal républicain de Toulouse, pour lequel il alla plaider quelque temps après, vint ajouter encore à l'effet produit par son plaidoyer dans l'affaire Baudin.

La mort de Berryer ayant laissé vacante une place au Corps législatif, les électeurs démocrates de Marseille l'offrirent à l'avocat qui venait de se révéler tribun. Mais ce ne fut que quelques mois plus tard, les élections partielles des Bouches-du-Rhône ayant été indéfiniment ajournées, que Gambetta devint député, au moment des élections générales. Il fut élu dans la première circonscription de Paris (Belleville), par 35,417 voix, et à Marseille, au second tour, par 42,863 suffrages.

On connaît la fière attitude et l'extrême modération de langage qu'il montra au Corps législatif, où il put, sans être interrompu, développer toute la théorie du gouvernement républicain.

Au 4 septembre 1870, Gambetta fut proclamé membre du gouvernement de la Défense nationale et appelé par ses collègues au ministère de l'intérieur. Mais il fallait une main vigoureuse pour organiser la résistance des provinces; le 7 octobre, un décret du gouvernement l'adjoignit à la délégation de province, composée de MM. Crémieux, Glais-Bizoin et Fourichon. Il quitta immédiatement Paris avec le ballon l'*Armand Barbès*, descendit dans le département de la Somme, au milieu des Prussiens, et ne dut son salut qu'à un miracle de courage et d'audace.

A son arrivée à Tours, il prit la direction de la guerre et de l'intérieur, conclut un emprunt, nomma des généraux, créa des armées, les fit instruire, les équipa et les lança contre l'ennemi qu'elles battirent en différentes rencontres. Il parcourut les pays menacés, lutta contre la tempête et se fit ouragan. Il fit passer toute son âme dans l'âme de la province. Les revers n'abattirent pas l'ardent patriote ; il continua la lutte, et, quand M. Jules Favre eut signé le soi-disant armistice qui désarmait la France entière, Gambetta refusa de souscrire à cette honte, et donna sa démission.

Elu le 8 février 1871, par la Seine (202,399 voix) ; par la Moselle (54,971 v.) ; par la Meurthe (47,211 v.) ; par le Bas-Rhin (56,721 v.) ; par le Haut-Rhin (52,917 v.) ; par le Var (29,528 v.), tous les départements ayant le plus de raisons de haïr les envahisseurs, il opta pour le Bas-Rhin, déclarant ainsi sa volonté de ne pas laisser démembrer la France, et il donna sa démission après la signature du traité de paix. en même temps que ses collègues d'Alsace-Lorraine.

M. Gambetta se retira alors à Saint-Sébastien, en Espagne, où il resta jusqu'aux élections du 2 juillet 1871. Réélu par la Seine (114,806 voix), par

les Bouches-du-Rhône et par le Var, en se portant
de l'opposition *constitutionnelle* (*Whig*), au gouvernement de M. Thiers, il opta pour la Seine.
Comme, en parlant de M. Gambetta, les uns ne
l'appellent que fou furieux, buveur de sang, etc.,
et que les autres le regardent comme un homme
d'avenir et de cœur qui a essayé de provoquer en
France le sublime élan patriotique de 1792, nous
croyons ne pas devoir donner d'appréciations sur
ce député. On connaît d'ailleurs le rôle qu'il a
joué à l'Assemblée nationale, et qui est présent à
toutes les mémoires.

Aux élections du 20 février 1876, M. Gambetta a
été nommé député à la Législative par le vingtième arrondissement de Paris (11,589 voix), par
la deuxième circonscription de Lille (9,108 v.)
et par la première circonscription de Marseille
(6,357 voix). Il a opté pour Paris.

M. Gambetta est de moyenne taille ; ses traits
sont énergiques. Il réunit presque toutes les qua-
lités physiques et intellectuelles du tribun. « Le
torse est ample et bien développé, — dit un de
ses biographes, M. Jules Rouquette. Les poumons
jouent largement dans une vaste poitrine. La
tête, expressive et intelligente, présente ce type
mâle et fier des physionomies méridionales. Sa
voix sonore est puissante, faite comme celle de
Démosthènes, qui dominait le bruit des vagues
courroucées, pour retentir au-dessus des bruisse-
ments de la foule, éclate comme la tempête, siffle
et grince sous l'ironie, retentit avec des martelle-

ments métalliques, lorsqu'il brise et pulvérise les arguments d'un adversaire. La parole, facile, élégante, a des égarements calculés avec un art profond. L'émotion, l'enthousiasme, l'entraînement, sont entre ses mains des instruments de persuasion qu'il fond et pétrit avec une habileté prodigieuse. Dans la fougue de ses plus grands emportements, il est toujours maître de l'expression, et il la choisit sûre et précise. Il n'est pas jusqu'à son œil de verre qui n'ajoute un côté fascinateur à sa physionomie étrange. Lorsqu'une discussion s'anime, sa tête se penche en avant vers l'adversaire, tandis que son œil, le vrai, celui qui est demeuré intact, se ferme et s'éteint. Il ne reste à ce bizarre cyclope de la tribune que son œil de verre, brillant, mais immobile et sans regard. Cette fixité inéluctable, cette immobilité inflexible au milieu des orages de l'éloquence, produisent un effet saisissant, assez semblable au regard fascinateur du serpent. »

M. Gambetta, dans ces derniers temps, a voulu suivre une ligne de conduite politique bien connue sous le nom d' « opportunisme », et nous ne sachions pas que la France ait beaucoup à se féliciter des concessions sans nombre qui n'ont pu nous éviter le 16 mai. Espérons que les événements auront instruit notre illustre tribun. *Non bis in idem.*

Paris. — Typ. N. Blanpain, 7. rue Jeanne.

MARAT

LE RÉVOLUTIONNAIRE

PAR

Henri DELAPORTE

CONDITIONS DE LA SOUSCRIPTION

Il paraît une livraison de 8 pages in-octavo chaque semaine, à partir du samedi 5 mai 1877. La première livraison, comme prime première, est exceptionnellement de 16 pages.

LE PRIX DE CHAQUE LIVRAISON EST DE 10 c.

L'ouvrage sera complet en 50 livraisons environ.

Chaque souscripteur aura droit, moyennant un supplément de 25 c., à une très-belle reproduction photographique du PORTRAIT DE MARAT, peint d'après nature par J. Boze, en avril 1793, l'an Ier de la République française. Ce portrait, égal en mérite à l'œuvre de David, et le seul véritable de l'*Ami du peuple*, sera mis en vente en même temps que la dernière livraison. Son prix sera de 2 fr. pour les non-souscripteurs.

On souscrit chez tous les libraires, à la librairie Coste, 20, rue du Croissant, dépositaire principal, et chez l'éditeur, M. Jules de Fermon, 16, rue Mayet, Paris.

Les correspondances doivent être affranchies.

Paris. — Typ. N. Blanpain, 7, rue Jeanne.